AF266487

UN POINT DE RALLIEMENT

RÉFLEXIONS

SUR LA

SITUATION ACTUELLE

DE LA

POLITIQUE EN FRANCE

Livre Ier

OCTOBRE 1874

Havre. — Imp. MAUDET, GODEFROY & Co, quai C'Orléans, 19

I

RIEN DE SOLIDE

Nous sommes dans le malheur, chacun veut nous en indiquer la cause ; les opinions les plus opposées sont en lutte ; les différents partis qui prétendent, chacun avec autant d'audace, personnifier la volonté de la France, s'accusent réciproquement : en un mot, nous cherchons, au plein d'une noire nuit, en tâtonnant au milieu de tant d'opinions différentes.

Les uns disent : Nous avons trop de partis. Ce sont des ambitieux, qui font tout pour renverser celui qui tient la place ; quand la chose arrive, le parti qui a remporté dans la lutte et qui tient enfin le pouvoir, a nécessairement à lutter contre les mêmes convoitises et les attaques incessantes des partis renversés et des envieux qui ont échoué.

Ces différents partis sont le produit de tous les bouleversements qui ne nous ont laissé, depuis bientôt un siècle, que quelques années de tranquilité, résultat de l'inconstance du peuple et de la fragilité de ses opinions.

D'autres s'écrient : C'est l'empire qui nous a ainsi plongés dans le malheur. Pourquoi avons-nous eu l'Empire une première fois ? (car c'est le souvenir glorieux du premier qui nous a valu le second). Ce peu de solidité dans les idées et dans tout ce qu'elles établissent, voilà bien le mal ; mais pour le guérir, il faut nécessairement en connaître les causes ; il faut en extirper les racines aussi profondément que possible.

Depuis la grande Révolution dont l'époque la plus vibrante est 1793, nous n'avons rien pu établir de durable. Remontons jusqu'à cette époque, puisque c'est là que commence la série de tous nos bouleversements. La Révolution a d'abord proclamé la République, sur laquelle a flotté le drapeau sanglant de la plus cruelle tyrannie ; puis vint l'Empire, avec ses gloires et ses désastres ; remplacé à son tour par la Monarchie traditionnelle rétablie ; puis nous avons eu une Monarchie constitntionnelle ; la République, bientôt escamotée par un coup d'État, qui nous ramena le second Empire, escamoté à son tour ; et enfin, aujourd'hui, nous avons quoi ? réduits dans l'impossibilité de rien établir. Et à tous ces changements, nous avons vu le peuple s'écrier avec le même fol enthousiasme : *Vive la République ! Vive l'Empereur ! Vive le Roi ! Vive la République ! Vive l'Empereur !* toujours vive et rien ne vit.

Non, et je le dis avec une conviction profonde, nous ne pourrons rien établir de durable tant que la vérité n'aura pas chassé le doute qui fait ainsi voltiger les esprits de branche en branche sans oser se reposer sur aucune.

Tous nous sommes inquiets ; depuis long-temps déjà nous attendons quoi? nous ne le savons même pas. Combien de temps encore serons-nous dans une telle anxiété? Il n'est pas possible de prévoir un terme. La méfiance partout et la crainte chez tous entravent la marche commerciale de nos affaires ; l'industrie est dans l'état le plus langoureux ; le travail ne fournit plus à l'ouvrier les ressources nécessaires pour couvrir tous ses besoins, que les moments critiques ont triplé.

Qu'y a-t-il donc? des troubles, des divisions engendrés par l'ambition et protégés par l'ignorance.

Pendant que les uns sont torturés par la misère et les plus dures privations, d'autres semblent, par leur attitude, profiter d'une

occasion favorable pour satisfaire leurs intérêts et contenter leur ambition. Nous les
voyons, ces hommes, chacun dans leur camp,
se retrancher derrière un nom, employant
tous leurs talents et leurs efforts à construire
des redoutes et des barricades pour se main-
tenir et se défendre dans leurs positions, et
empêcher ainsi leurs adversaires de s'emparer
de la proie qu'ils envient tous.

On amuse le pauvre peuple par tous
les moyens possibles ; on l'exploite par tout
ce qu'il y a de plus sacré ; on invoque la
raison, la vérité ; on lui parle au nom de
la science, c'est-à-dire on lui glisse doucement
le bandeau sur les yeux.

On lui montre le suffrage universel
comme le fruit de sa liberté et le rempart
contre toute attaque à la dignité nationnale,
tandis qu'on veut en faire l'échafaudage
nécessaire à la réalisation de plans ambitieux
que l'on se garde bien de divulguer.

Telle est la juste comparaison : on pré-
sente au peuple des boîtes renfermant des
objets de différents prix, puis on lui dit :
— Choisis. — Mais, quoi? les boîtes fermées?
— Choisis toujours, tu verras après.

Le suffrage universel est-il donc un jeu

de hasard? Plus que cela, s'il ne repose sur une saine instruction qui permette à chacun de juger et d'apprécier ; c'est une arme que l'on donne au peuple pour se percer le cœur de sa propre main.

Consultons les temps passés, et nous verrons que notre situation n'est pas neuve ; nous verrons que dans tous les temps les peuples ont été exploités par la ruse et le mensonge, et l'ambition jouer toujours le premier rôle. Malgré toutes les découvertes, malgré le progrès, l'homme est toujours l'homme, ce qu'il a toujours été et ce qu'il sera toujours, en proie aux mêmes passions. Toujours il y a eu des ambitieux et toujours il y en aura.

Avec l'ambition, les mauvais livres qui empoisonnent les mœurs, et surtout cette légion de philosophes, qui s'acharnent à détruire les vrais principes et dirigent tous leurs efforts contre Dieu, principe des principes, dans le but de le chasser du cœur de l'homme. Voilà ce qui a causé cette terrible première Révolution ; le mépris de toute autorité, voilà la cause de la non-stabilité qui nous accable.

Mais, avant de remontsr dans l'histoire, livrons-nous à quelques considérations générales sur le présent.

Le mal est toujours le même ; la Révolution n'a pas discontinué d'agir, le renversement de tous nos gouvernements en est la conséquence, et la Commune de 1871 n'en était qu'une explosion. Elle continue en prenant des proportions inquiétantes, non-seulement pour la France, mais pour l'Europe en général.

II

LE DÉSORDRE

Nous sommes dans un complet désordre : administrations civiles, religieuses et militaires, tout en est atteint. Le désordre est surtout dans les familles, et c'est là où il fait les plus grands ravages. Le nombre de ceux qui sont restés à leur niveau est bien petit. Partout, absence de franchise, de bonne foi et d'honnêteté ; partout les devoirs les plus sacrés sont sacrifiés à l'intérêt, à l'ambition, à la débauche, en un mot à l'égoïsme le plus grossier : on convient cependant du mal, chacun en désire la prompte guérison ; mais on appréhende le remède et personne ne veut se l'appliquer.

Le mal de la France n'est pas dans les suites désastreuses de cette guerre qui nous a si cruellement éprouvés. Notre pays, envahi et pillé par l'ennemi ; notre armée détruite, nos finances ruinées, tout cela n'est rien auprès du désordre qui règne dans les esprits.

C'est nous tous qui sommes la France ; le mal est dans chacun de nous, et c'est sur chacun de nous que le remède doit opérer.

Nous sommes désunis, nous sommes dévorés par des partis aussi déraisonnables l'un que l'autre, qui s'entêtent et s'acharnent dans une lutte que rien ne justifie, qui arrête les affaires, tue le travail et enlève le pain à tant de malheureux.

Pour tant qui aspirent à régner, il n'y a place que pour un seul à la fois, et lorsqu'enfin un parti ou l'autre aura réussi à s'emparer du pouvoir, la lutte sera-t-elle terminée? Il nous faut l'ordre et nous ne pouvons l'avoir que dans l'union. Il faut donc chercher un point de ralliement. Les mots d'ordre sont : franchise, honnêteté et justice, et le seul point où tous les partis puissent se rallier est l'éternelle morale que les hommes doivent invariablement suivre dans tout ce qu'ils font ; car, dès lors que nous serions tous d'accord par la morale, il n'y aurait plus de division possible parmi nous.

Mais, enfin, lutteurs, que voulez-vous? les uns la Monarchie, et quelle Monarchie? d'autres la République, et quelle République?

Il nous faut un gouvernement, c'est-à-dire des lois ; à ces lois, une administration ; à cette administration, un chef. Quand aux lois, il n'y en a pas de trois sortes : on les fait justes ou injustes, vraies ou fausses. Il nous faut des lois justes ; la justice est dans la vérité, qui est une et indivisible. Une loi juste est la même sous toutes les formes de gouvernement ; une loi juste, vraie, ne connaît particulièrement ni légitimistes, ni orléanistes, ni bonapartistes, ni républicains conservateurs, modérés ou radicaux ; une loi juste s'impose à tous, et tous, tant que nous sommes, forcés de nous incliner devant cette vérité.

De tous ces prétendants, lequel a le plus de droits, lequel est le meilleur et le plus capable? Nous n'en avons vu aucun à l'œuvre; los talents et le caractère de leurs pères ne sont nullement pour nous une garantie ; les talents et le caractère ne se donnent pas en héritage. Que veulent donc tous ces hommes qui ne cessent de s'insulter? Vous, radicaux, qui voulez remuer la société jusque dans son fond le plus solide, vous ne parviendrez pas à renverser l'ordre naturel des choses; vous ne pouvez rien établir en contradiction avec les lois éternelles et immuables par lesquelles l'ordre existe ; car, comme notre corps existe dans l'ordre des lois physiques qui gouvernent tout dans la nature, de même notre intelligence vit dans l'ordre des lois morales par lesquelles nous voyons toutes choses ; ces lois sont l'atmosphère de notre âme hors duquel elle ne peut vivre.

Vous, modérés, ou conservateurs, car je me perds dans tous ces noms ; ce n'est ni modéré ni conservateur qu'il faut être ; mais, impitoyable pour tout ce qui est injuste, vicieux et contraire à l'ordre. Et vous, monarchistes de toutes les branches, ayez tant que vous voudrez des égards pour une famille qui vous est chère, est-ce une raison pour imposer vos préférences et vos affections intimes à tout un peuple? Si la France, un jour, loyalement consultée, veut confier la direction de ses affaires et le soin de ses intérêts à une famille dans un système héréditaire, inclinons-nous devant la souveraine décision de la voix de la majorité ; mais sachez qu'en principe un peuple est un peuple et non une propriété ; qu'un gouvernement est une administration et non une famille, une maison ; et que le chef d'un gouvernement doit être un premier magistrat, un mandataire auquel le peuple confie le soin de ses affaires, et non un propriétaire.

III

DU DÉFINITIF

De tous côtés, on entend dire : Le pays est fatigué du provisoire, et chacun des partis demande à grands cris, à la Chambre, de proclamer le définitif.

Mais, Messieurs, si le définitif que la Chambre proclamera n'est pas le vôtre, vous et votre parti, vous tiendrez-vous pour battus ? Le nouveau définitif sera-t-il désormais à l'abri des attaques et des convoitises des partis adverses ? Le pays est fatigué de toutes ces luttes et ces divisions qui le ruinent ; mais dans l'état où sont les esprits, le provisoire seul est possible.

Le pays a une entière confiance dans la loyauté de l'homme qui est présentement à la tête de son gouvernement, et se croit à l'abri de troubles pour sept ans. Pourquoi venir le tracasser en cherchant à iui inspirer des craintes qui n'ont rien de fondé?

Le Maréchal de Mac-Mahon tient le pouvoir pour sept ans ; ce temps, il l'a demandé iui-même, parce qu'il la jugé nécessaire ; l'Assemblée Nationnale le lui a accordé, parce qu'elle l'a également jugé nécessaire.

Un provisoire de sept ans, entre des mains loyales et honnêtes, c'était tout ce qu'il était possible de faire de mieux pour le moment.

Le véritable moyen de prévenir les dangers de l'avenir est d'employer tout ce temps à moraliser le pays, à rassurer les esprits et à les amener insensiblement au calme. Le pouvoir est occupé pour sept ans, par conséquent on ne peut rien proclamer pour le moment ; car, vouloir proclamer, c'est vouloir renverser ce qui est. Pendant ce temps donc, au lieu d'élever vos regards jusqu'au trône de Frorsdorff ou de Chislehurst, au lieu de discuter pour savoir sur quelle tête se fera la cérémonie du couronnement, jetez les yeux sur l'ouvrier et voyez dans quel état l'ont réduit vos malheureuses guerres d'opinion ; voyez de quelle misère il est accablé et toutes les souffrances que lui ont values vos malheureuses querelles. Descendez jusqueà l'ouvrier, aidez-le à supporter le lourd fardeau qu'il a jusqu'alors supporté seul ; relevez-le à ses yeux, rendez-lui ses forces épuisées, ranimez son courage abattu : c'est ainsi que vous travaillerez le plus efficacement au salut de la patrie. Descendez jusqu'à lui, et là, vous verrez ce qui presse le plus à faire.

Vous voulez de suite du définitif ; vous voulez aller un peu trop vite.

Est-ce qu'on bâtit une maison en commençant par la toiture ? Le définitif, c'est la toiture de votre édifice.

Notre édifice politique s'est écroulé, nécessairement il faut le relever ; mais ce n'est pas au milieu des décombres qu'il faut reconstruire. Il faut d'abord déblayer le terrain et bien l'approprier ; établir des fondations solides, puis continuer le travail toujours dans les mêmes conditions de solidité, et ainsi vous parviendrez à couvrir votre édifice du définitif.

En attendant que le terrain se déblaie et que l'édifice se monte sur des bases solides, contentons-nous de nous abriter dans les baraquements du provisoire.

Flétrir le vice et confondre le mensonge, voilà par où il faut d'abord commencer.

F.-H. ROBERT.